P9-AFF-490

Papa Francisco

Líder religioso

Grace Hansen

abdopublishing.com

Published by Abdo Kids, a division of ABDO, PO Box 398166, Minneapolis, Minnesota 55439.

Printed in the United States of America, North Mankato, Minnesota.

052016

092016

THIS BOOK CONTAINS RECYCLED MATERIALS

Spanish Translator: Maria Puchol, Pablo Viedma

Photo Credits: AP Images, Corbis, iStock, Shutterstock

Production Contributors: Teddy Borth, Jennie Forsberg, Grace Hansen

Design Contributors: Laura Rask, Dorothy Toth

Publishers Cataloging-in-Publication Data

Names: Hansen, Grace, author.

Title: Papa Francisco: Líder religioso / by Grace Hansen.

Other titles: Pope Francis: religious leader. Spanish

Description: Minneapolis, MN : Abdo Kids, [2017] | Series: Biografías: Personas que han hecho historia |

Includes bibliographical references and index.

Identifiers: LCCN 2016934883 | ISBN 9781680807424 (lib. bdg.) |

ISBN 9781680808445 (ebook)

Subjects: LCSH: Francis, Pope, 1936- --Juvenile literature. | Popes --Argentina--Biography--Juvenile literature. | Spanish language materials--Juvenile literature.

Classification: DDC 282/.092 [B]--dc23

LC record available at http://lccn.loc.gov/2016934883

Contenido

Jorge Bergoglio

Jorge Bergoglio nació el 17 de diciembre de 1936. Nació en Buenos Aires, Argentina. Un día se convertiría en el Papa Francisco.

América del Norte
América del Sur
Buenos Aires
Argentina

Jorge era inteligente. Se destacó en el estudio de las ciencias. Le gustaba jugar al fútbol. Y también sabía bailar.

La decisión de hacerse sacerdote

Jorge iba a la iglesia. Cuando tenía 17 años Jorge recibió un mensaje de Dios. Era una "llamada" para convertirse en sacerdote.

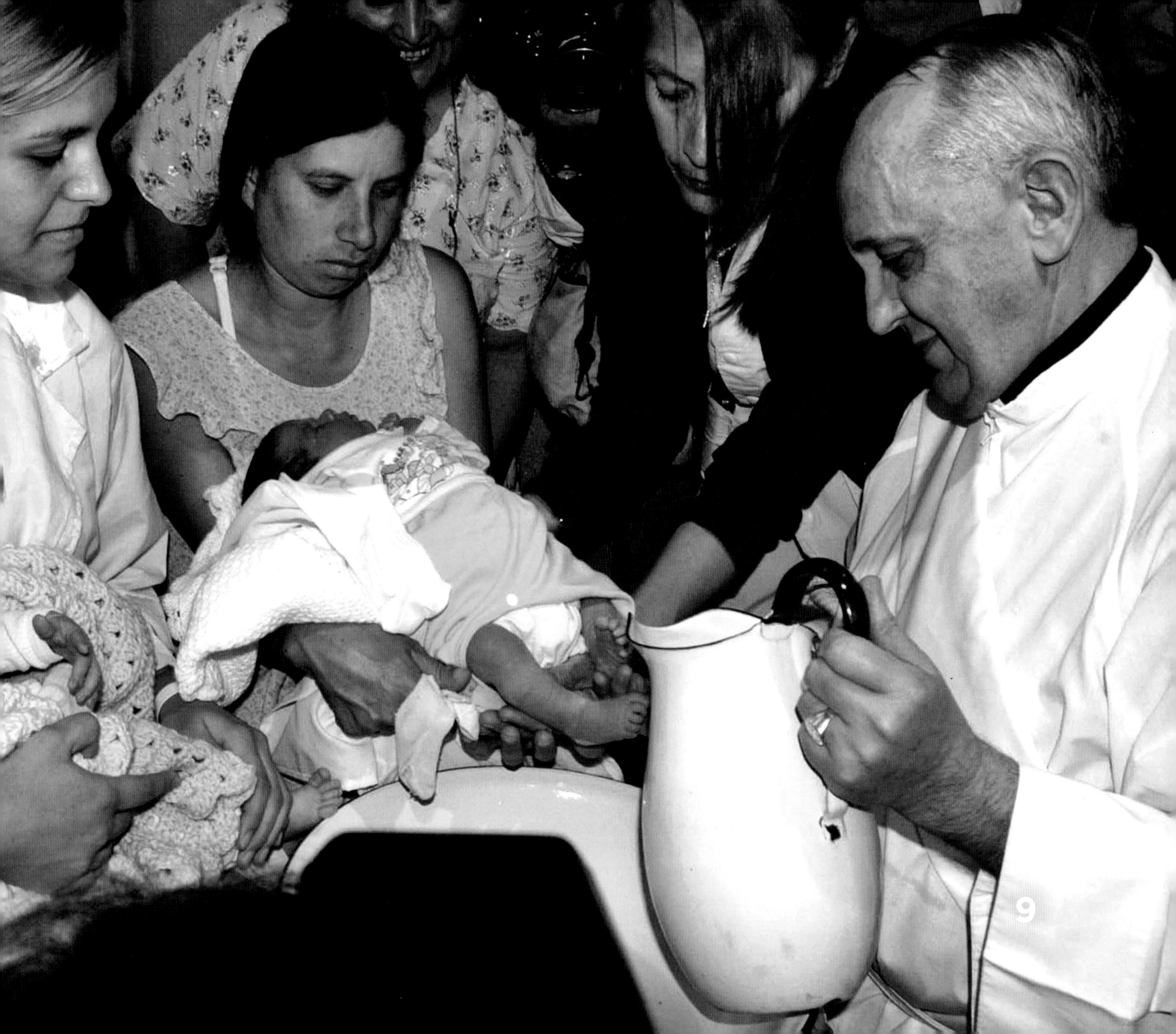

Tomó sus votos como **jesuita** en 1960. Sólo tenía 24 años. Estudiaba mucho. Los jesuitas le dan mucha importancia a la educación.

Enseñanza

Jorge quería viajar. Quería ayudar a los pobres. Pero en su lugar le pidieron que se dedicara a la enseñanza. Enseñó durante 3 años. Y en 1969 se convirtió en sacerdote **jesuita**.

Se convierte en el Papa Francisco

En 1992 Jorge fue nombrado obispo auxiliar. Ayudó al **arzobispo** de Buenos Aires. El Papa Juan Pablo II le dio este título.

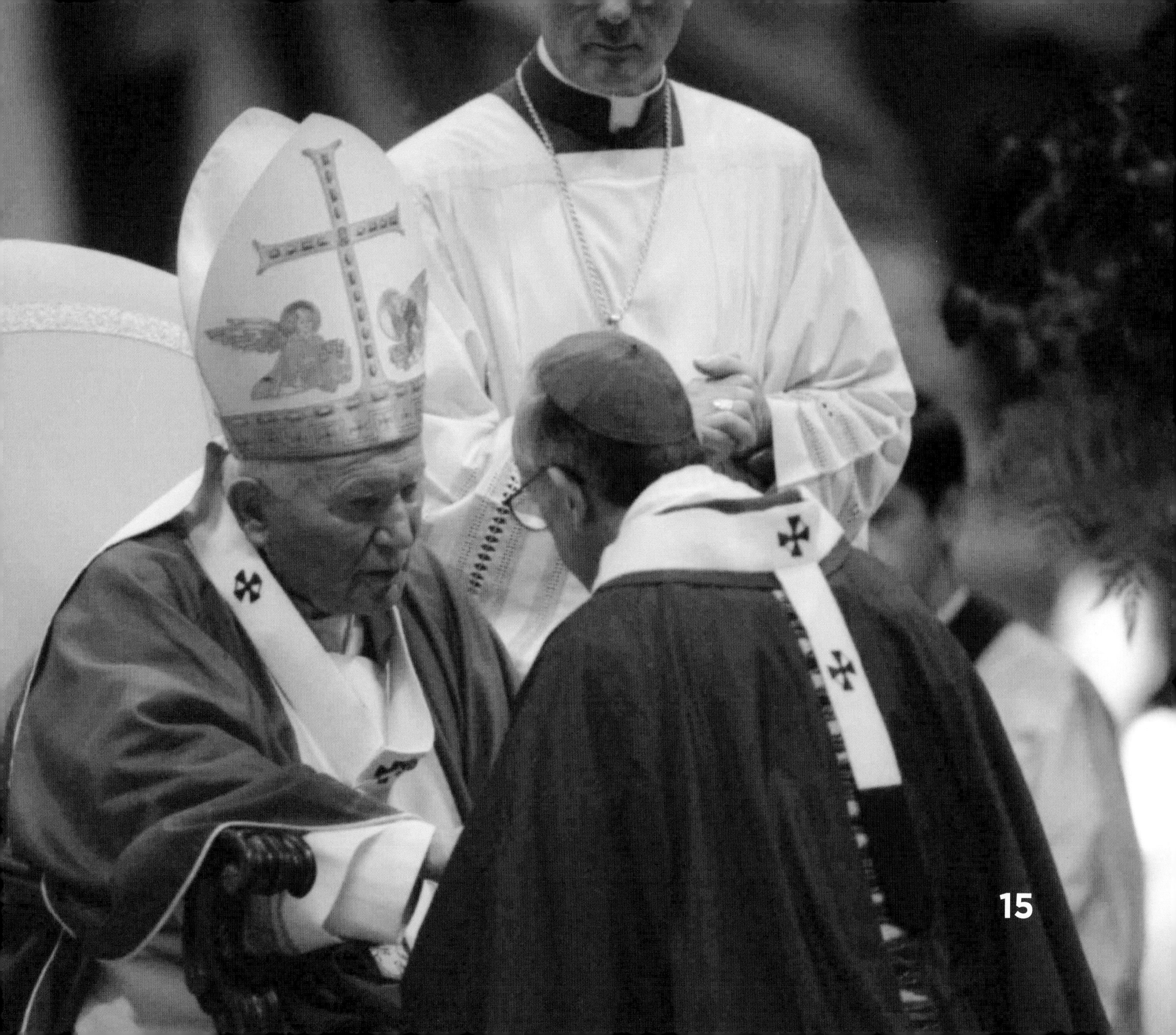

En 1998 el **arzobispo** de Buenos Aires murió. Jorge tomó su puesto. Y en 2001 le hicieron **cardenal**.

Jorge podría haber vivido en una buena casa. Podría haber tenido muchas cosas. Pero eligió vivir en la **pobreza**. Le importaba más ayudar a los pobres y a los enfermos.

El 13 de marzo de 2013 fue elegido **papa**. Jorge eligió el nombre de Francisco, por **San Francisco de Asís**. El Papa Francisco es muy querido.

Línea cronológica
1936
17 de diciembre
Jorge Mario Bergoglio nace en Buenos Aires, Argentina.
1953
A los 17 años recibe la “llamada” de Dios para convertirse en sacerdote.
1969
Jorge se convierte en sacerdote jesuita después de años de estudio y enseñanza.
1992
Es nombrado obispo auxiliar de Buenos Aires. Su trabajo es ayudar al arzobispo.
1998
Se convierte en el arzobispo de Buenos Aires.
2001
El Papa Juan Pablo II lo nombra cardenal.
2013
13 de marzo
Jorge se convierte en el papa número 266 de la Iglesia Católica Romana. Toma el nombre de Francisco por San Francisco de Asís.

Glosario

arzobispo – persona a cargo de asuntos de la iglesia en una zona geográfica determinada. El obispo auxiliar ayuda al arzobispo.

cardenal – alguien nombrado por el papa para ayudar a decidir quién es el siguiente papa. Todos los cardenales son también obispos y arzobispos.

jesuita – miembro de la Compañía de Jesús dedicado a la enseñanza y a las misiones.

papa – obispo de Roma y cabeza de la Iglesia Católica Romana.

pobreza – situación en la que a uno le faltan dinero y posesiones materiales.

San Francisco de Asís – santo que vivió alrededor del año 1100. Donó todo su dinero y sus cosas, y se dedicó plenamente a los pobres. Creía en vivir la vida de una manera simple y en paz.

Índice

abdokids.com

¡Usa este código para entrar en abdokids.com y tener acceso a juegos, arte, videos y mucho más!